1 MONTH OF
FREE
READING

at

www.ForgottenBooks.com

By purchasing this book you are eligible for one month membership to ForgottenBooks.com, giving you unlimited access to our entire collection of over 1,000,000 titles via our web site and mobile apps.

To claim your free month visit: www.forgottenbooks.com/free430760

ISBN 978-0-428-99998-8
PIBN 10430760

For support please visit www.forgottenbooks.com

0

Quaestiones Lucretianae.

SCRIPSIT

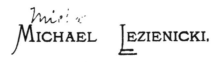

MICHAEL LEZIENICKI.

~~~~~~~~~~

Seorsum impressum ex commentariis societatis philologae, quibus inscribitur
'Eos', vol I p. 31—58.

LEOPOLI.
SUMPTIBUS SOCIETATIS PHILOLOGAE.
Typis instituti Stauropigiani.
1894.

QUAESTIONES LUCRETIANAE.

I.

Inter veteres Graecorum et Romanorum scriptores celeberrimos vix quemquam alium reperias, de cuius vita, et scriptis tam pauca, tam incerta, tam contraria exstent veterum auctorum testimonia, quam de Tito Lucretio poeta, de rerum natura carminis auctore. Namque iis antiquorum scriptorum locis omissis, quibus potius poetae laudes celebrantur, quam vita illustratur, quaecumque de eius vita et carmine comperta habemus, Donati, Hieronymi, incerti glossographi nituntur testimoniis. Quorum gravissimum Donati[1]) et Hieronymi, minore auctoritate glossographi est testimonium, quod nec per se sit perspicuum, nec nisi variis et incertis coniecturis adhibitis intellegi possit[2]). Tertio igitur neglecto duobus prioribus utemur testimoniis, cum varias ad vitam carmenque Lucretii poetae quaestiones pertinentes movebimus et solvere conabimur.

Hieronymus, cuius testimonium principem obtinet locum, in Eusebii Chronicorum versione latina ad annum ab Abr: 1923 = 94. a. Chr. nat.[3]) annotavit haec[4]): „Titus Lucretius poeta nascitur, qui postea amatorio poculo in furorem versus, cum aliquot libros per intervalla insaniae conscripsisset, quos postea Cicero emendavit, propria se manu

---

[1]) Vita Vergilii, quae vulgo Aelio Donato vindicatur, § 6. p. 54. (ed. Reiff.): „Initia aetatis Cremonae egit (scil. Vergil.) usque ad togam virilem, quam XV. anno, natali suo, cepit isdem illis consulibus iterum, quibus erat natus, evenitque, ut eo ipso die Lucretius decederet."

[2]) Quod Usenerus invenit in glossario quodam codicis Monacensis saec. X. numero 14,429 signati (vid. Mus. Rhen. t. XXII p. 444. et XXIII. p. 679). Est autem hoc: „Titus Lucretius poeta nascitur sub consulibus, ann. XXV II. an virgilium." In quo testimonio nomina consulum omissa videntur esse. Ea, quae vocem „consulibus" sequuntur verba, significare videntur, Lucretium poetam 27 annis ante Vergilium natum fuisse. Hoc loco satis dictum putamus de re, quam infra copiose explicabimus.

[3]) Exceptis codicibus A. (Amandino saec. VII.) et F. (Freheriano saec. IX. ineuntis), qui idem factum referunt ad a. ab Abrah. 1922=95. a. Chr. Vid. Woltjeri dissertationem in Fleckeisen. Annal. clas. philolog. t. 129. (1884) p. 134 sq.

[4]) In editione, quam A. Schoene curavit, vol. II. p. 133.

interfecit anno aetatis XLIIII". Cui testimonio, nisi quaedam, quae illo continerentur, essent suspecta, magna sane tribuenda esset auctoitas, cum eo nobis uti liceret non solum ad Lucretii di em natalem et supremum definiendum, sed etiam ad alias, quae ad vitam carmenque poetae spectarent, rationes explicandas. Ne autem Hieronymo nimium credamus, multis causis cogimur; atque primum suspicione, quam movent nonnullae res testimonio cit. comprehensae, quae a veritate prorsus abhorrere et quodam modo fabellas e libello, qui inscribitur noctes „mille et una", depromptas redolere videntur, — deinde Donati verbis, qui Lucretii mortem ad alium atque Hieronymus refert annum, denique vehementer inter se dissentientibus iudiciis, quae nostrae aetatis viri docti de fide et auctoritate testimonii Hieronymiani protulerunt. Cum enim alii, quorum princeps Lachmannus[1]) ille, carminis Lucretiani ingeniosus editor et commentator, in Hieronymi verbis omnino nihil, quod fide indignum esset, viderent, alii, velut W. S. Teuffelus[2]), illo viro non minoris auctoritatis arbiter in gravissimis quaestionibus diiudicandis, Hieronymianae narrationis fidem in dubium vocaverunt. Neque, utrorum sententia propior sit vero, facile perspici potest, cum quae aliis probantur, eadem ab aliis addubitentur aut prorsus refellantur. Quae cum ita sint, certe operae pretium est, difficilem illam de fide et auctoritate testimonii Hieronymiani quaestionem diligenter retractare, eamque omnibus subsidiis et fontibus, quae nobis suppeditantur, ad usum vocatis luculenter illustratam, quatenus fieri potest, ad finem perducere. Quam quaestionem tractantes eam viam et rationem persequemur, ut imprimis de rebus, quae ab aliis non satis explanatae vel leviter tantum perstrictae vel prorsus sint praetermissae, agamus.

II.

Ad rem propositam accedentes, omnium primum hoc explicandum esse arbitramur, qua fide in eis, quae in Eusebii Chronicorum versione latina de universis scriptoribus Romanis tradidit, Hieronymus dignus sit. Atque consentaneum est, eum, qui circiter a. p. Chr. n. 331 Stridone — quod est oppidum in confinio Illyrici et Pannoniae situm — natus posteriore quarti saeculi p. Chr. parte floruit, in suis ad Eusebii Chronica additis supplementis veterum auctorum libros ad usum convertisse.

Quare ad alteram, quae cum superiore quam artissime cohaeret, cogimur transire quaestionem, quae in eo versatur, quos Hieronymus in Eusebii Chronicorum supplementis, quibus Romanorum insigniores ab antiquissimis temporibus res gestas et scriptorum vitas breviter perstrinxit, potissimum secutus sit auctores, et quae cuiusque sit fides atque auctoritas.

---

[1]) C. Lachmanni comment. ad Lucr. I. v. 922. p. 63 : „ego vero in Hieronymianis nihil omnino, quod credi non possit, invenio; neque enim totam poesim per intervalla insaniae compositam dicit, sed aliquam partem."
[2]) In Litter. Roman. 3. ed. § 203. not I. (sub finem) et in aliis libellis.

Quam rem ecclesiasticus scriptor latinus illustrat ipse in Chronicorum versionis prooemio p. 3. (Schoene): „Sciendum etenim est, me et interpretis et scriptoris ex parte officio usum, quia et graeca fidelissime expressi et nonnulla, quae mihi intermissa videbantur, adieci, in Romana maxime historia, quam Eusebius, huius conditor libri... perstrinxisse mihi videbatur. Itaque a Nino et Abraham usque ad Troiae captivitatem pura graeca translatio est. A Troia autem usque ad XX. Constantini annum (p. Chr 325) nunc addita nunc mixta plurima, quae de Tranquillo et ceteris inlustribus in historicis curiosissime excerpsi. A Constantini autem supra dicto anno (325) usque ad consulatum Augg. Valentis sexies et Valentiniani iterum (a 378) totum meum est.“

Quae verba docent, Hieronymum in supplementis ad res gestas vitasque scriptorum Romanorum spectantibus et Suetonii opus, quod de viris illustribus urbis Romae inscribitur, et aliorum historicorum scripta respexisse. Eum a Tranquilli opere paene totum pependisse, comprobatur verborum ac rerum similitudine, quae inter notas Hieronymi et aliorum scriptorum, velut Aelii Donati,[1] Diomedis sententias intercedit, quos Suetonii libris usos esse constat. Hoc etiam apparet ex Hieronymi notis vitas rhetorum, grammaticorum, Terentii[2] poetae perstringentibus, quae ex Suetonii, qui aetatem tulerunt, libellis de grammaticis et rhetoribus et ex Suetoniana vita Terentii[3] adumbratae sunt. In illis patris ecclesiastici notis omnino nihil, quod Suetonii libris laudatis non contineatur, reperias; adde quod apud utrumque auctorem easdem sententias iisdem fere verbis expressas deprehendis.

Quod tamen, quae apud Hieronymum de Remmio Palaemone s. a. ab Abrah. 2064 commemorato leguntur verba: — „qui (scil. Palaemon) quondam interrogatus, quid inter stillam et guttam interesset, gutta, inquit, stat, stilla cadit,“ — ea in Suetonii de grammaticis libri cap. 23° desiderantur,hoc sententia, quam supra protulimus, non evertitur. Palaemonis enim dictum, Hieronymianae notae insertum. multifarie explicari posse contendo. Etiam Eus. Chron. loco (ab Abr. 1936), quo de L. Voltacilio Ploto agitur, quique ex Suet. de rhet. cap. 3. est adumbratus, Hieronymus falsa veris admiscuit, ut recte perspexit Reiffersch. Sueton. p. 124. 1. Illa illisque similia errata, quae in Chron.

---

[1] Conf. vitam Vergilii — vulgo Donato vindicatam, in qua plurima Suetoniani ingenii vestigia sunt manifesta — cum verbis, quae Hieronymus Suetonio duce de Vergilio commemoravit s. a. ab Abrah. 1948, 1960, 1965, 2003. Vid. Reiff. Sueton. pag. 54 — Bockemüller praef. edit. Lucret. p. 3 sq.

[2] Chron. Hier. s. a. 1859.: „P. Terentius Carthaginensis, comoediarum scriptor, ob ingenium et formam libertate donatus, in Arcadia moritur; qui primum Andriam, antequam aedilibus venderet, Caecilio multum se miranti legit.“ Quam notam, si eum vita Terentii auctore Suetonio p. 292—295 (ed. Roth) comparaveris, Hieronymum et universas sententias et nonnullas locutiones a Suetonio mutuavisse quam maxime tibi persuadebis.

[3] Quam ex Tranquilli libro de poetis depromptam Donatus integram fere commentario suo in Terentium praefixit.

versione deprehenduntur, vel memoriae lapsu vel festinatione Hieronymi, qua illud opus scriptum esse ipse profitetur (Eus. Chron. vol. II. p. XXVIII. not. 2. ed. Schoene), facile excusantur. In universum tamen aestimantes haud iniquos nos praestare videbimur iudices, si Hieronymum de temporibus vitisque Romanorum scriptorum in Chronicis exponentem Suetonii libris potius accurate et diligenter, quam temere et neglegenter usum esse statuemus. Suetonianos autem viros illustres Hieronymi de scriptoribus Romanis commemorantis principem gravissimumque fontem fuisse, praeter superiora argumenta etiam hoc confirmatur, quod ille de iis scriptoribus Romanis, quos, utpote suos aequales necdum tempore, quo libros de viiis illustr. conficiebat, mortuos, velut Tacitum, Iuvenalem, silentio praeterierat Suetonius, in Chronicorum supplementis nihil meminerat.

Si igitur certum exploratumque esset omnia, quae Hieronymus Chronicis Eusebianis admiscuisset, ex Suetonii de viris illustribus libris fluxisse, tota quaestio de fide et auctoritate notarum Hieronymi ad res Romanas spectantium et simplex et facilis et perlucida esset et paene absoluta videretur; non enim amplius opus esset quaeri de Hieronymo, sed de Suetonio, num fide dignus esset in eis, quae de scriptoribus Romanis in libris de viris illustribus tradidisset. Hoc autem haud ita difficile esset ad solvendum; constat enim, Suetonium in vitis illustrium virorum adumbrandis optimos et incorruptos fontes secutum omnino raro nec nisi inscium atque invitum falsa tradidisse. Sed difficilior est de fide Hieronymi quaestio et efficitur imprimis eo, quod ille in Chronicis supplendis praeter Suetonium, ut supra cognovimus, alios quoque Romanorum scriptores, quos tamen nominatim laudare omiserat, se respexisse profitetur. Hoc praeter ipsius verba p. 3. laudata manifeste etiam nonnullae Chronicorum notae probant, quas ad Suetonium auctorem referre vetamur eo, quod spectant ad homines, de quibus Suetonius in libris de viris illustribus nihil commemoravit.[1] Quos tamen alios scriptores praeter Suetonium respexerit Hieronymus, certe definiri nequit. In eorum numero Eutropium fuisse, recte monuit Roth, Sueton. p. LXXII. not. 63. Ne res incertas incertis coniecturis investigemus, hoc pro certo affirmari posse arbitramur, Suetonii de viris illustribus libros Hieronymo Eusebii Chronica supplenti fontem fuisse primarium; alios autem fontes illum adiisse suspicamur, cum, quae Suetonii libris non continebantur, narrando erat persecuturus.

Huc pertinere videntur omnes res in Chronicis commemoratae, quae anno p. Chr. nat. 106. sunt posteriores, quo Suetonius de viris illustribus libros edidisse perhibetur.

---

[1] Verbi causa de Plinio Minore, imperatore Traiano, quorum apud Hieronymum fit mentio. Hic lectorem monitum velim, Hieronymum nominis similitudine deceptum, nonnullas vitae Plinii Maioris rationes Plinio Minori vindicavisse rebusque utriusque propriis confundendis et contaminandis effecisse, ut ex duobus Pliniis unum, nempe Plinium Minorem, effingeret. (Cf. Roth, Suet. p. LXXVIII).

Quae cum ita sint, fieri non potest, quin Hieronymi laud. locum de Lucretio poeta ex alio fonte atque ex Suetonii de viris illustribus libris fluxisse credamus. His pro certo positis necessario sequeretur, ut, cum Suetonium veritatis studiosissimum auctorem esse monuissemus, Hieronymi laud. testimonium de Lucretio poeta summa fide dignum esset. Hoc tamen testimonium, si accurate ac diligenter perscrutamur, quam maximis difficultatibus obstrictum et admodum suspectum reperimus. Multa enim, quibus vehementer offendimur, in eo deprehendimus.

Ac primum, quod ad ipsam testimonii formam pertinet, neminem sane fugere potest nimia rerum, quae in illo testimonio de Lucretio poeta enarrantur, ubertas atque abundantia, quae mirum quantum abhorreat ab Hieronymianae narrationis brevitate ac parcitate, quam in plerisque Chronicorum notis vel ad celeberrimos Romanorum scriptores spectantibus videmus. In plurimis enim notis praeter scriptoris diem natalem et supremum Hieronymus nihil amplius meminerat, in nonnullis scriptoris vitae spatium certis annorum numeris adscriptis definivit et de morte, si insolens vel violenta erat. quaedam breviter commemoravit; vitas ipsas rationesque scriptorum rarissime atque summatim tantum et quam paucissimis perstrinxit lineamentis. Ad quae laud. testim. externa, ut ita dicam, suspicionis indicia, accedunt interna: singulorum membrorum, quibus Hieronymi testimonium efficitur, sententias dico, quae cum rebus de Lucretio aliunde proditis aut coniectura repertis nullo modo consociari possunt.

Neque igitur mirabimur, quod tanta est inter doctos viros dissensio, quamnam testimonii laud. sententiam veram, quam suspectam vel falsam dicant, et quid de universo illo testimonio iudicent. Quae, cum nondum ad liquidum perducta sint, diligenter perquiremus a Lucretii anno natali incipientes.

III.

Hieronymus Lucretium anno ab Abr. 1923=94 a. Chr. natum aetatis anno 44. mortem sibi conscivisse tradit. Quos numeros omnes codices exhibent praeter cod. A. saec. 7. et F. saec 9. ineuntis, qui Lucretii annum natalem ad 1922 ab Abr. = 95. a. Chr. referunt.[1] Ex testimonio illo apparet, Hieronymum Lucretii annum natalem ad a. ante Chr. 95. vel 94., supremum ad a. a. Chr. 51. vel 50. rettulisse. Quibus numeris repugnat loc. Donati,[2] qui Lucretium eo anno et die,[3] quo Vergilius aetatis anno XV. exacto togam virilem sumpsisset, decessisse ait. Vergilium autem Idibus Octobribus anni 70. a. Chr. Cn. Pompeio Magno M. Licinio Crasso consulibus natum esse incor-

---

[1] Vid. nostrae dissertationis p. 1. n. 3.

[2] Vid. nostrae dissertationis pag. 1. not. 1.

[3] Hoc enim tempus significatur Donati verbis supra laudatis: „quam natali suo cepit isdem illis consulibus iterum duobus, quibus erat natus (scil. Vergil.)."

ruptis veterum testimoniis corfirmatur.[1]) Ex quibus verbis cum Donati
et Hieronymi loco laud. coniunctis necessario sequitur, ut Lucretii mors
non ad annum, qui apud Hieronymum traditur, 50. vel 51., sed ad
Idus Octobres anni 55. a. Chr. sit referenda; quo anno mortis posito
porro efficitur, ut poetae tempus natale non in annum 94. (vel 95.),
quem Hieronymi testimonium exhibet, sed in a. 99. exeuntem vel potius in annum 98. ineuntem incidat. Hieronymus enim in vitarum
spatiis computandis hanc secutus est rationem, ut vitae quemque
annum initum, quamvis non esset exactus, pro finito poneret Hoc
multis argumentis ex Chron. versione petitis demonstrari potest. Ut alia
omittam, duo gravissima afferam exempla, nempe ad numeros vitae
Ciceronis (Sueton. ed. Roth, p. 289.) et Horatii (ib. 296) spectantia,
quorum alterum aetatis anno 64, alterum 57 decessisse Hieronymus
tradit, quamquam neuter numeros ab illo allatos expleverat.

Quae si respicimus, Donati et Hieronymi de Lucretii vitae tempore testimonia inter se repugnare videmus. Viri docti, qui de eorum
fide disseruerunt, difficili et obscurae quaestioni non multum lucis
attulerunt. Cum enim alii numeros ab Hieronymo traditos tueantur,
exstiterunt alii, qui eorum fide in suspicionem vocata solos Donati
numeros veros esse censeant. Inveniuntur etiam tales, qui ad discre-
pantiam tollendam, quae inter testimonium Donati et Hieronymi intercedit, Hieronymi numerum 44. Lucretii vitae spatium definientem, in
quo vitium latere suspicentur, corrigendum esse proponant.

Ut quid in utriusque veteris scriptoris testimonio verum, quid
sit suspectum vel falsum, cognoscamus, esse certum atque incorrup-
tum necesse est indicium, quo tamquam fundamento et principio
nostrae investigationis uti liceat. Atque accuratius rem scrutatus,
tale indicium reperio numerum 44, quem Hieronymi exhibet testimonium. Nam illum numerum e Suetonio fluxisse suspicor, in cuius vitis
praeter scriptorum annos natales et supremos nominibus consulum
definitos, annorum quoque numeri, quos unus alterve scriptor exple-
vit, allati reperiuntur. (Vid. Suetonii de rhet. et gram., de vitis
Caesarum, eiusdem vitam Terentii a Donato servatam, quae in Horatii
codicibus exstat et vulgo Suetonio vindicatur).

Hic tamen numerus, quamquam certus est, solus non sufficit
ad obscuram quaestionem expediendam; ignoramus enim, utrum
Lucretii annus natalis ab Hieronymo traditus, an supremus, quem apud
Donatum reperimus, certior sit aut probabilior, et simul haeremus,
utrum numerum eligamus, a quo proficiscentes Lucretii vitae
spatium computando definire possimus. Quod ut ad liquidum
perducamus, ad Donati testimonium supra laud. transimus accuratius
perquirendum.

Atque primum non alienum videtur esse monere, vitae Vergilianae, qua testimonium laud. continetur, auctorem esse Donatum, praeceptorem Hieronymi. Quam vitam non integram, sed variis mediae

---

[1]) Cf. Ribbeckium, Vergilii opera. ed. min, ubi p. VIII testimonia veterum
allata invenies.

aetatis scholasticorum commentis inquinatam et contaminatam ad nos pervenisse, iam multi docti viderunt. Quae tamen bonae frugis vita illa amplectitur, ea cuncta e Suetonii de viris illustribus libris, quibus Donatum saepius usum esse constat, sumpta videntur esse. Quod et ex Terentii vita,[1] quam integram fere Donatus e Suetonio in com‑ mentarium suum ad Terentii comoedias transtulit, perspici potest, et ex similitudine[2]) elucet, quae intercedit inter vitam Vergilianam a Do‑ nato descriptam et inter notas Hieronymi ad Vergilii vitam spec‑ tantes.

Inde autem, quod Donati testimonium laud. e Suetonio, quem magna auctoritate scriptorem supra diximus, fluxit, Donati verba laud. fide digna esse iam recte concludere possemus, nisi iudiciis doct. virorum prohiberemur, qui Donati laud. testimonium commenticiis interpolationi‑ bus inquinatum suspicantur. Quibus adnumerant imprimis verba: „quam (scil. togam virilem) XV. anno, natali suo. cepit (scil. Vergilius) isdem illis consulibus iterum duobus, quibus erat natus, evenitque, ut eo ipso die Lucretius decederet", eaque de causa quod l. 1 Vergilius togam virilem XV. anno, qui annus Romanorum mori repugnet,[3]) sumpsisse dicatur quodque testimonium laud. manifesta mediae, quae vocatur, signa atque indicia exhibeat. Contendunt enim, res „natali suo‾, „isdem illis consulibus... decederet" eo tempore, quo Vergilius pro mago et miraculorum auctore habitus divino quasi honore co‑ leretur, commentas esse ab homine quodam superstitioso et mira affectante, hoc scilicet consilio, ut insignibus et miraculosis eventibus, quibus Vergilii natales exornavisset, poetae celebritatem et gloriam significaret. (Vid. Fr. Polle, Philolog t. XXVI. (1867.) p. 561 sq. — Woltjer, in Fleckeis. annal. phil. t 129. (a. 1884.) p. 136 sq. — Fr. Bockemüller. Lucretii carm, tom. I. p. 4. sq. Cf. etiam H. Sauppe, Quaestiones Lucret, in indice scholar. Univ. Gotting. 1880. sem. aest.)

Si vero omnia, quae contra Donati fidem disputata sunt, acriter perpenderis, plura sane in eis speciosa inesse quam vera facile tibi persuadebis

Ac primum quod ad annum 15., quo Vergilius togam virilem cepisse traditur, attinet, nihil subesse, quo viri docti offendantur

---

[1]) Vid. Sueton ed. Roth p. LXXVIII sq. et 291. sq.

[2]) Vid. nostrae dissertationis p. 3. not. 1., ubi similes utriusque scriptoris locos collatos reperies.

[3]) Sic iudicant Woltjerus I. c. et alli; exemplis enim ab ipso Cicerone eiusque (?) et Quinti fratris filio sumptis, qui togam virilem 16. anno exacto ce‑ perunt, probare conantur, aetatis Ciceroniae Romanos vitae 16. anno exacto togas viriles capere solitos esse. Teuffelus in Encycl. real. s. v. „tirocinium fori" Marcum, oratoris filium, anno aetatis XV. exacto togam virilem cepisse tradit et recte quidem; nam Marcus, qui auctore Cicerone in ep. ad Att I. 2. 1. L. Iulio Caesare C. Marcio Figulo coss. designatis 698 a. u.=56 a. Chr. natus erat, teste eodem Cicerone in ep. ad Att. IX. 6. 1 et IX, 19. 1. togam virilem sumpsit a. u. 705 = 49. a. Chr. mense Martio. Quam ob rem Woltjeri verba supra afferentes voci „eiusque" (?) apposuimus.

contendo. Recte quidem monent,[1]) primo a. Chr. saeculo Romanorum adulescentes togam virilem anno 16. exacto sumere solitos esse, quem morem Ciceronem et Quinti fratris filium secutos esse comperimus. Errare tamen videntur, cum hunc morem a Romanis saec. I. a. Chr. tam stricte servatum censent, ut nemo umquam ab eodem descivisset. Immo vero ex ipsis exemplis, quae Suetonius, Tacitus, Tertullianus, alii veteres scriptores exhibent, maxima cum probabilitate colligi potest, nonnullos Romanorum adulescentes primo ante Chr. saeculo togas viriles ante 16. vitae annum exactum sumpsisse,[2]) quem morem imperatorum Romanorum temporibus iam pervulgatum videmus. Itaque admodum verisimile est, tempus togae sumendae, quod nullis certis legibus praescriptum esset, a primo ante Chr. saeculo mobile fuisse et nonnumquam variis de causis vel ante 16. annum vitae exactum vel post incidisse. (Vid. Teuffeli Encycl. real. s. v. tirocinium fori.)

Quae si respicimus, non habemus, cur Vergilium anno 16 ineunte togam puram cepisse negemus Potest etiam esse. ut poeta ad togam ante tempus sumendam adductus sit voluntate parentum, qui filium longae peregrinationis causa Andes patriosque penates relinquentem sui iuris esse vellent Cui sententiae neque numerus XVII. annorum, in codicibus vitae Vergilianae a Donato enarratae allatus. (quem viri docti subsequentibus illum numerum vocibus offensi Reifferscheidio duce in XV. correxerunt,) neque verba Hieronymi,[3]) repugnant, quibus Woltjerus illam sententiam infirmari censet, cum numerum 53 ab Hieronymo traditum tantummodo ad tempus, quo Vergilius togam virilem cepit, referat. Fugit autem virum egregium et de Lucretio illustrando optime promeritum annum a. Chr. 53. potius ad tempus, quo Romam contendisset Vergilius, referendum esse, quod iter poeta biennio post togam sumptam ingressus videtur. Quaestione ita explicata efficitur, ut numerus 53 ab Hieronymo traditus cum tempore allato in Donati testimonio optime congruat.

Quod autem ad supra laud. numerum XVII attinet — quem Woltjerus verum genuinumque esse contendit, quoque annum, quo togam virilem cepit Vergilius, definiri colligit, non illis, quae hunc numerum sequuntur, verbis, quae spuria et interpolata esse dicit, — illum numerum verum esse neque Woltjerus l. l. certis argumentis demonstravit, et vix umquam alii, ut opinor, demonstrabunt.

---

[1]) Vid. Woltjer I. l. — Marquard, de vita privat. Roman. I. p. 120 — 132.
[2]) Sueton. in vita Octaviani cap. 8. tradit, imp. Octavianum aetatis anno 16. ineunte togam virilem accepisse. — Tacito auctore annal. III, 29. et annal. XIV, 41 Nero togam virilem aetatis anno 14. accepit. Togae virilis sumendae tempus mobile fuisse, idque inter aetatis annum 14. et 19. intercidisse videtur. Ita teste Suetonio Calig. 10, Caligula togam virilem 19. aetatis anno sumpsit. Adde Ciceronis filium, Persium poetam, imperatores Galbam, M. Aurelium, qui item ante 16. vitae annum exactum togas viriles ceperunt.
[3]) Sub a. ab Abrah. 1964=53. a. Chr: „Vergilius sumpta toga (scil. Andibus) Mediolanum transgreditur et post breve tempus Romam pergit.“

Equidem cum Donati verba „quam XV. anno, natali suo, cepit isdem illis consulibus iterum, quibus erat natus, evenitque, ut eo ipso die Lucretius decederet,“ attente et diligenter perpendo, nihil sane, quod suspectum et Donato indignum sit, in eis deprehendo. Eae enim illis commemorantur res, quae per se credibiles sint, quaeque et exemplis depromptis e vitis clarorum cuiusque saeculi virorum[1]) et more Romanorum, qui superstitione impulsi cum insignioribus eventibus et casibus suae vitae res notabiliores eodem tempore gestas conectere solebant, sufficienter comprobentur. Cuius rei testes sunt Tacitus et Suetonius, in quorum libris similes loci sunt frequentes. (Tacit. annal. l. 9. — Sueton. Calig. 57. et alibi.)

Ad quod accedit, ut Donati verbis laud. non fabellae, sed diversa ex litterarum et rerum annalibus facta deprompta enarrentur. Quae ita sunt comparata, ut in idem tempus incidant, aut, si adversariorum sequimur sententiam, biennii vel summe quadriennii spatio secernantur. His causis adductus verba illa Donati conficta vel interpolata esse nego.

Adde, quod ex ipsa talium historicorum quae vocantur, factorum, quae in illo testimonio afferuntur, copulatione admodum probabilem facere possumus coniecturam, interpolationis auctorem satis in litteris versatum fuisse hominem et rerum scientia excellentem; quam quidem Donatum, non ullum posterioris aetatis grammaticum, cui verba interpolata vindicantur, habuisse contendo. Qui vero verba laud. a quodam posterioris aetatis grammatico interpolata esse dicunt, concedant necesse est, ignotum eundem grammaticum accurata rerum ac litterarum scientia, quam Donati loc. laud. probat, praestitisse. Quae quidem, quoniam imprimis libris legendis paratur, credamus necesse est, incerto illi grammatico interpolatori libros, quibus variae quaestiones ad vitas scriptaque auctorum Romanorum spectantes tractarentur, cognitos fuisse. Atque in illis eosdem, quos Donatus, Hieronymus, Diomedes alii et aequales et posteriores grammatici ad usum converterunt, non defuisse paene pro certo affirmari potest. Quoniam illos grammaticos e Suetonii libris tamquam ex uberrimis rerum et litterarum fontibus hausisse supra diximus, non verisimile videtur esse, laud. testimonii Don. interpolatorem Suetonii libris, qui quidem apud Donatum saepius laudati reperiuntur, caruisse aut eos ignoravisse. Verba igitur in Donati testimonio commemorata, quae nonnulli interpolatoris, equidem Donati ipsius esse contendo, ex eodem atque prior pars Donati testimonii fonte, nempe ex Suetonii de viris illustribus opere, fluxisse videntur. Unde sequitur, ut verbis laud, etiamsi quis ea non Donati sed incerti interpolatoris esse concedat, tanta quanta ipsius Donati sententiis tribuenda sit auctoritas.

Sed antequam mea longius procedat disputatio, hoc monere velim, me iudicium de verbis: „quam XV. a.... decederet“, supra proferentem locutione „verba laud. ex Suetonii libris fluxisse videntur“ usum esse. Quam quidem consulto usurpatam esse enuntio, eaque de

---

[1]) Exempla collegit Fr. Polle in Philolog. (1867). t. 26. p. 561. sq.

causa, quia non omnes illius testimonii sententias pari loco et auctoritate habendas, sed inter eas discrimen quoddam esse faciendum
contendo. Cum enim alias e Suetonio fluxisse affirmari liceat, alias
ab eodem auctore mutuatas esse coniectura quidem colligere, nec tamen, dum integris Suetonii de viris illustribus libris caremus, probare
possumus. Priori generi adnumeramus sententiam, qua de Lucretii
morte et de consulibus a. 55. a. Chr. agitur. Earum rerum certam
notitiam Donatus ex Lucretii vita[1]) a Suetonio enarrata in libro de
poetis, qui unam operis, quod de viris illustribus inscribitur, partem
efficiebat, habere potuit. Namque non dubium est, quin Suetonius,
cum in libro laud. de Lucretii vita ageret, illius poetae annum natalem et supremum (num diem quoque statuerit, coniectura augurari du-
bito) nominibus consulum adnotatis definiverit. Talem quidem Suetonius se praestitit in Caesarum, Terentii, Horatii, quae aetatem tulerunt,
vitis, in quibus similes notas reperimus.

In posterius autem genus eam Donati testimonii sententiam re-
ferimus, qua de tempore. quo Vergilius togam virilem sumpsit,
commemoratur. Hanc sententiam item a Suetonio petitam esse, affir-
mare non ausim. Nam in vitis Suetonianis supra laud. togae sumptae
tempus vel omnino non legitur, v l sola generali „sumpta toga virili"
locutione adumbratur, cui passim vitae annum peractum, nusquam
consulum nomina reperies adscripta. Quod si respicitur, vix credibile
videtur esse Suetonium in vita Vergilii diligentiorem quam in aliis
vitis se praestitisse tempusque togae a Vergilio sumptae tanta accura-
tione, quantam Donati testimonium exhibere videmus, definivisse. Nec
prorsus a veritate abhorret. ut opinor, id quod colligo, tempus, quo
togam virilem sumpsit Vergilius, ne proximis quidem morti poetae annis certo notum fuisse, sed primum a posteriore quodam vitae poetae
scriptore, velut Q. Asconio Pediano, C. Iulio Hygino, M. Valerio Probo
coniectura investigatum et arbitrarie ad a. 55. a. Chr. esse relatum,
sive quod hic annus rationibus vitae poetae maxime conveniebat. sive
quod Pompeio et Crasso iterum consulibus et Lucretii morte nobili-
tatus, aptissimus, quo poetarum princeps togam sumeret. videbatur.

Quae coniectura maxime hoc confirmatur, quod poeta sui iuris
factus erat Andibus, unde certa de tempore sumptae togae fama vix
in vulgus efferri potuit. Si tamen eam in vulgus elatam sumimus, vix
credi potest, eam propagando adeo invaluisse, ut ad notitiam poste-
riorum poetae biographorum et commentatorum pervenisset

Ut longiori disceptationi nostrae modum ponamus, de Donati loco
laud. sic statuimus: Firmis argumentis probari non potest, verba l. l.
ad tempus togae a Vergilio sumptae spectantia ipsi Donato vindicanda
esse Neque procul dubio est, utrum illa verba a Donato vel incerto
quodam posterioris aetatis scriptore coniecturis reperta, an ex antiquiore fonte sumpta sint. Quod denique ad annum, quo Lucretius est

---

[1]) Non videtur mihi verisimile, Donati de consulibus et de Lucretii morte
mentionem ex Vergilii vita a Suetonio enarrata petitam esse; cur ita iudicemus,
ex iis, quae infra exponemus, luculenter apparebit.

mortuus, attinet, eum in Donati testimonio 1. recte proditum esse contendo. Neque enim coniectura investigatus, sed ex antiquiore quodam fonte incorrupto, quem Lucretii vitam a Suetonio adumbratam esse suspicor, videtur mihi translatus ab auctore testimonii laud., quod Donato adscribitur.

Cui tempori optime conveniunt res quoque carmine Lucretiano enarratae, quarum nulla annum a. Chr. 55. excedit. Hoc imprimis ex carminis de rerum natura apparet prooemio, quod poeta non prius conscripsisse videtur, quam summam carminis ad finem perduxit animumque iam singulis eius partibus ordinandis et versibus excolendis ac perpoliendis advertit. Verum in hac ultima, quam carmini navavit, opera poetam morte subita[1] impeditum fuisse, ex desperato carminis statu cognoscitur, in quo et nunc est et post mortem poetae fuisse videtur Neque enim credi potest, omnia, quae carmen deformant vitia — a quibus ne primus quidem liber vacat — librariorum mediae aetatis ignoratione et incuria in carminis contextum esse illata, velut hiantes, interruptas vel parum immutata forma repetitas sententias, versus alienissimo loco positos vel inepte iteratos, quorundam locorum orationem horridam atque incomptam, pedum numeros duros et parum volubiles.

Quae vitia adeo sunt multa et manifesta, ut etiamsi careremus testimonio Hieronymi, qui poetam manus sibi intulisse, carmenque a Cicerone editum tradit, ex ipsis carminis vitiis concludere cogeremur, Lucretium, priusquam carmen absolutum edidisset. morte subita abreptum fuisse. In primi libri prooemio v. 26 sq poeta Venere invocata supplex petit ab ea, ut Romanos, qui feris terra marique bellis perturbentur, placida pace frui sinat, quia neque ipse iniquo patriae tempore aequo animo agere, neque Memmius. quem Venus omnibus rebus ornatum exrellere voluerit, communi saluti deesse possit.

Memmius autem, cuius in versibus supra laud. fit mentio, videtur esse C. Memmius, Lucii filius, quem Cic. Brut. 70, 247 perfectum litteris sed graecis, fastidiosum sane latinarum. argutum oratorem verbisque dulcem, sed fugientem non modo dicendi verum etiam cogitandi laborem tradit. Idem teste Ovidio Trist. II, 433 carminibus amatoriis scribendis operam navavit. Rationis Epicureae studiosus sectator Patronis, philosophi Epicurei, aliquamdiu Roma commorantis consuetudine utebatur (Cic. ep. ad Att. V, 11. 6. et imprimis ad Famil XIII, 1. 2. sq. Atque verisimile mihi videtur ab eodem philosopho Lucretium quoque Epicureae doctrinae studio initiatum esse, communemque praeceptoris usum effecisse. ut poeta Memmio, cuius amicitiam et gratiam sibi conciliare cuperet, suum de rerum natura carmen dedicaret. Idem Memmius etiam in rebus publicis versabatur. Nam a. a. Chr. 66 tribunatum, a. 58. praeturam gessit, a. 57. pro praetore Bythiniam administravit, ubi in sua cohorte Helvium Cinnam et Catui-

---

[1] Num Hieronymi verba Lucretium sibi manus iniecisse tradentis fide digna sint, infra docebimus

Ium poetas habuit. A. 53. consulatum petens, cum repulsam tulisset ambitusque esset accusatus, in voluntarium exsilium in Graeciam profectus est, ubi a. 49. a. Chr. diem supremum obiit.[1] Ex verbis Lucr. 26. sq.:

„Quos ego de rerum natura pangere conor
Memmiadae nostro, quem tu dea tempore in omni
Omnibus ornatum voluisti excellere rebus,‘ — quae expresse significant,Memmium tum temporis praetorem fuisse, nequedum,cum de consulatu depulsus esset, in exsilium profectum esse— iure colligi potest, de rerum natura libros spatio, quod annis 58. et 55. a Chr terminatur, a poeta ad finem perductos esse. Admodum enim verisimile est, libri I. prooemium summa carminis coufecta scriptum esse. id quod aliorum quoque poetarum exemplis evidenter comprobari potest.

Etiam artioribus finibus tempus, quo carmen conscriptum est, constringendum esse censeo, cum reputo, fieri potuisse, ut Lucretius Catulli et Cinnae familiaritate. qua cum Memmio coniuncti erant, impulsus esset, ut Memmii captaret gratiam, in quam se facillime carminibus ei dedicatis insinuaturum sperabat.

Consilium autem carminis scribendi et Memmio dedicandi in animo poetae ortum esse suspicor non ante annum 57., quo Helvius Cinna et Catullus Memmii pro praetore in Bithynia fungentis erant contubernales eiusque singulari amicitia et gratia utebantur. Nam non est verisimile. futurum fuisse, ut poeta, si quidem eo tempore Memmio cognitus esset carminibusque scribendis operam dedisset, ex illius viri societate et c mitatu excluderetur.[2] Quae si respicimus, probabilem esse nobis persuademus coniecturam, Lucretii carmen triennio fere esse compositum annis 57—55 incluso.

Poetam, cum carmen de rerum natura conderet, contractiore tempore usum esse, etiam ex nonnullis carminis locis apparet, quibus se noctes serenas vigilare[3] et ad calcem operis tendentem festinare[4] profitetur

Lucretium ante annum a. Chr. 54. decesisse recte colligi potest etiam ex verbis Cic. ad Quintum fratrem epistulae ineunte mense Februario a. 54. a. Chr. scriptae § 3: „Lucretii poemata, ut scribis, ita sunt: multis luminibus ingenii, multae etiam artis; sed cum ea

---

[1] De quo vid. Teuff. Real. Enc. IV. p. 1755 n. 8. et eiusdem Liter, Roman. 5 edit. (1890.) § 202, 2. et 203, 1 (sub. fin.), ubi locos et scripta ad Memmium spectantia invenies collecta. — O. Ribbeckius, Hist. Poës. Rom. 1887. t. I. p. 275. negat, firmis argumentis probari posse, Catulli amicum eundem Memmium fuisse, qui a. 57. a. Chr. pro praetore Bythiniam administravisset.

[2] Poetam. cum carmen componeret, nondum in Memmii amicorum numero fuisse, recte colligi potest ex Lucr. I. 140 sq :
„Sed tua (scil. Memmii)me virtus tamen et sperata voluptas
Suavis amicitiae quemvis sufferre laborem
Suadet et inducit noctes vigilare serenas “
[3] Lucr. I. v. 145 , quem in superiore nota laudavimus.
[4] Lucr. VI. 92 sq.: „Tu mihi supremae praescripta ad candida calcis
Currenti spatium praemonstra, callida musa,
Calliope “

legeris, virum te putabo, si Sallustii[1]) Empedoclea legeris, hominem non putabo[2])"

Quo loco Cicero orator fert suum de poesi Lucretiana iudicium, quod a Quinto fratre Lucretii poemata legere incipiente rogatus videtur esse in superiore aliqua epistula ad ipsum scripta, in qua Quintus inter alia. ut opinor, etiam, quid de Lucretiani carminis indole sentiret, rettulit.

Cur Cic. locum controversum et gravissimis obstrictum diffi- cultatibus ita restituendum censeam, certis adducor causis, quae et in carminis Lucretiani argumento atque indole et in Ciceronis dicendi genere et denique in veterum scriptorum iudiciis de Lucretii ingenio eiusque carminis natura pronuntiatis sunt positae. Nam Lucretii poematibus sublimis ingenii lumina inesse multi eorum loci evidenter probant, atque imprimis singulorum librorum exordia, ex quibus tamquam ex uberrimis fontibus verae poeseos rivuli ebulliunt. Neque artem in iis desiderari eorum argumentum docet, quod, ut ipsa fert carminis didascalici indoles, poeta non liberae contemplationi naturae et rerum humanarum sed diligenti rationis Epicureae studio debuit. Adde quod, si Lucretiani carminis numeros cum antiquiorum poetarum versibus comparaveris, in eis multo maiorem artem atque volubilitatem quam apud Ennium scaenicosque poetas reperies tibique persuadebis, Lucretium versuum numeris et rei metricae legibus observandis aequales poetas, velut Ciceronem, plane adaequavisse.

Quibus de causis non ausus sum in contextum Cic. ep. laud. recipere particulam „non", quam nonnulli vel ante vocabulum „multis" vel ante vocab „multae" subsequentis enuntiationis inserentes proponebam, cum rectius facturus viderer, si vocem codicum „tamen" — quam neque antecedens sententia „multis luminibus ingenii", nec consequens „sed cum ea legeris" ferre potest et paene excludere videtur, — Orellium (in commentario prioris editionis Cic. epist. laud., et Wesenbergium (ad. Cicer. Tuscul. disput. IV, 7.) secutus in „etiam," quod vocabulum optime loci sententiae convenit, commutarem. Verba loc. laud. quae sequuntur „sed cum ea legeris (scil. poemata Lucr.), virum te putabo, si Sallustii Empedoclea legeris, hominem non putabo" hunc sensum exhibere videntur : Lucretii poemata admodum difficilia sunt ad legendum et intellegendum, Sallustii autem Empedoclea admodum sunt facilia.

Universum illud Ciceronis de Lucretio iudicium ita, ut supra proposuimus, conformatum etiam veterum scriptorum testimoniis comprobatur. Cum enim in locum Gellii Noct. Att. I, 21., qui Lucretium

---

[1]) Docti viri de Sallustio laudato hoc loco non consentiunt. Cum alii hunc Sallustium eundem atque clarum historicum esse suspicentur (A. Schoene, Fleickeis. ann. 93, 751), existimant alii Sallustium hoc loco laudatum, esse praenomen Gnei gerentem, cuius in Ciceronis epistulis frequens fit mentio. (Vid. Teuffeli Lit. Rom. 5. ed. 192, 1.)

[2]) Sic corruptum locum legendum censeo; codices habent: „Lucretii poemata ut scribis ita sunt multis luminibus ingenii multae tamen artis sed cum veneris virum te putabo si Sallustii Empedoclea legeris hominem non putabo." De variis doctorum virorum coniecturis ad hunc locum spectantibus vid. Teuffeli Lit. Rom. ed. 5. 203, 2., ubi etiam auctorum scripta allata reperies.

„ingenio et facundia praecellentem" esse ait, altius penetro, scriptor ille priorem Ciceroniani iudicii partem quodam modo respicere et calculo suo approbare mihi videtur. Posteriorem autem partem approbant Ovidius, Quintilianus, Statius, quorum primus Lucretium sublimem esse (Amor. I, 15. 23), alter difficilem (Inst. orat. X. 1.), tertius denique docti poetae furorem arduum esse (Sylv. II, 7. 76.) dixit.

Quae si perpendo, facere non possum, quin sententiam improbem Vahleni, enuntiationem, quae vocabulum „artis" sequitur, non ad Lucretii carmina pertinere coniectantis (Index Lect. Univ. Berol. 1881|2 p. 3).

Sed ut, unde huc digressa est, eodem redeat disputatio nostra, Lucretium ante a. 54. decessisse ex illo Ciceronis ep. loco recte colligi posse contendo. Eius enim sensu manifeste hoc declaratur Lucretii poemata anno 54., quo Cic. epistula erat scripta, a Marco Cicerone iam perlecta, a Quinto fratre tum primum legi coepta esse. Unde apparet, a. 54. ineunte Lucretii carmina iam edita fuisse a quodam poetae amico, non ab ipso poeta, quem decedentem carmen imperfectum reliquisse supra monuimus.

Quae si respicimus, Lucretium ante a. 54. ineuntem iam mortuum fuisse cognoscimus. Quod tempus optime cum anno allato in testimonio Donati congruit, qui poetae mortem ad Idus Octobr. a. 55. rettulit.

Quae autem nostrae sententiae opponuntur, nempe in Ciceronis loco supra laudato nullum inesse indicium, unde Lucretium tempore epistulae a Cicerone ad Quint. fratr. scriptae mortuum esse colligatur, ea admodum infirmis nituntur argumentis. Nam quae Bockemüllerus (in praef. edit. Lucr. p. 5), Woltjerus (l. l. p. 138) Schanzius (Lit. Rom. p. 136. 137.) obiiciunt suspicati etiam vivo poeta singulas carminis partes, velut I 1—43, IV. 1—25. et alias saltem eius amicis, ut Marco et Quinto Tulliis, notas fuisse, easque voce „poemata" (apud Cic. l. 1) significari, ea Ciceronis l. l. verbis „sed cum ea legeris, virum te putabo, "quibus Lucretii poemata esse admodum difficilia intellectu significatur, plane elevantur, nisi forte dulces venustosque carminis versiculos I. 1—43, IV. 1—25, et multos alios, qui summa oblectatione ac voluptate leguntur, difficiles esse contendes, non vero eas carminis partes, quibus abstrusa aut humilia Epicureae disciplinae praecepta a Lucretio, severum philosophum agente, exponuntur et sine ullo ornatu poetico versuum numeris inculcantur.

Nec firmius est alterum Woltjeri l. l. argumentum, inde petitum, quod Ciceronis loco laud. Lucretius una cum Sallustio, quem anno a. Ch. n. 54 in vivis fuisse constat, commemoratur; unde concludit, Lucretium quoque tum temporis vivum fuisse. Cui coniecturae adstipulantes, si carmen ab ipso poeta editum esse ponamus, nescio, quo modo desperatum carminis statum, quem nunc exhibet et post mortem poetae exhibuisse par est, explicemus. Neque argumentum Bockemülleri suam sententiam (praef. edit. Lucr. p. 5), quam de significatione et vi vocis „poemata" in Cic. l. l. tulit, sustinere conantis, probare possumus, qui e Ciceronis Epist. famil. XV, 19., ubi Lucretius in scriptorum numero Epicuri disciplinam tunc temporis litteris persequentium desideratur, collegit, carmen Lucretii exeunte mense Ianuario anni 45. a. Chr. n, quo illa Ciceronis scripta est epistula, nondum publicatum fuisse. Ne illius argumentum, quod ex silentio petitum sit, minus valere dicam, hoc tantummodo significare velim, Ciceronis epistulae laud. verbis: — „ipse enim Epicurus, a quo omnes Catii et Amafinii, mali verborum interpretes, proficiscuntur, dicit, οὐκ ἔστιν ἡδέως ἄνευ τοῦ καλῶς καὶ δικαίως ζῆν; itaque et Pansa, qui ἡδονὴν sequitur, virtutem retinet, et ii. qui a vobis φιλήδονοι vocantur, sunt φιλόκαλοι et φιλοδίκαιοι." — nisi vivos homines aut nuperrime mortuos[1]) non commemorari atque ita, ut malis Epicureae disciplinae interpretibus boni, Amafiniis et Catiis, Pansae[2]) opponantur. Quoniam Lucretius a. a. Ch. 45., quo illa Cicer. epistula scripta est, decimum fere annum in vivis non erat, non miramur, quod hic numero eorum, qui a Cassio ut exempla utriusque Epicureorum generis nominatim laudantur, non est comprehensus.

Atque vero, si quidem, quae supra exposuimus, ea recte exposita sunt, iam alterum pertinentem ad Lucretii vitam consecuti sumus numerum certum, i. e. Idus Octobres anni a. Chr. n. 55., quibus Lucretius poeta decessisse traditur. Primus autem numerus, ut supra monuimus, est „44", quo Hieronymus poetae vitae spatium definivit. Utriusque numeri praesidio facile annum quoque, quo natus est Lucretius, efficere possumus. Atque rationibus subductis Lucretii natales in annum 98. a. Chr. (ab Abrah. 1919.), quo Q. Caecilius Metellus, P. Didius consules erant, incidere reperiemus. Unde apparet, Hieronymum, qui Lucretii natales ad a. ab Abrah. 1923=94 a. Chr. rettulisset, erravisse, id quod pluribus Chronicorum locis ei accidisse constat. (Vid. Ritschl, Parerga p. 609 sq. — Reifferscheidii, Suetonium p. 365, 380, 387, — O. Zoeckleri opus, quod inscrib.: „Hieronymus, sein Leben und Wirken aus seinen Schriften dargestellt." Gothae 1865. p. 383 sq.). Atque admodum probabilis videtur mihi coniectura Useneri[3]), qui Hieronymi errorem similitudine nominum consulum a. 98. et 94. a. Chr. n. ortum esse suspicatur. Consules autem a. a. Chr. 98. Q. Caecilius, T. Didius,—a. 94. a. Chr. C. Caelius, L. Domitius fuerunt. Quoniam re vera quaedam nominum illorum similitudo intercedit, potuit fieri, ut Hieronymus, qui Chronicorum libros

---

[1]) Catius mense Ianuario a. 45. a. Chr. aut paulo ante mortuus est teste Cicerone in epist. ad famil. XV, 16. 1. mense Ianuario a. 45. scripta, ubi leguntur haec: „Catius Insuber, qui nuper est mortuus."

[2]) i. e. tales viri, qualis Pansa erat.

[3]) Mus. Rhen. nov. ser. t. XXII. (1867) p. 444 sq.; — alias virorum doctorum coniecturas ad locum laud. Hieronymi spectantes, quae recentissimis temporibus prodierunt, (velut F. Marxii in Mus. Rhen. tom. 43. p. 136 sq.) quaeque mihi minus probabiles videntur esse, consulto silentio hoc loco praetereo. Vid. Teuffeli, Lit. Rom. 5. ed. 203. 1.—Sauppii, Quaest. Lucr. Gott. 1880. p. 3 sq. et Schanzii, Lit. Rom. p. 136. not. — Munroi edit. Lucretii, append. I. (1866).

se summa festinatione scripsisse ipse enuntiat[1]), similitudine illorum nominum deceptus, invitus erraret. '

IV.

Quaestione de Lucretii vitae tempore expedita ad reliquas testimonii Hieronymiani sententias transimus perquirendas.

Atque testimonii laud. maxime offendimur verbis, „cum aliquot libros per intervalla insaniae conscripsisset (scil. Lucretius), quos postea Cicero emendavit“, quibus res incertae et incredibiles enarrantur. Ac primum non sine magna offensione legitur vocabulum „aliquot“, quod hoc loco inepte est usurpatum. Spectat enim ad incertum librorum numerum, quos poeta inter insaniae intervalla conscripsisse perhibetur, definiendum, librorum carminis dico, quod totum libris 6 continetur. Accedit, quod non solum in dubio relinquimur, utrum libri pedestri an ligata oratione scripti illis vocabulis significentur, sed etiam quod statuere non possumus, quos Cicero emendaverit libros, eosne, quos inter intervalla insaniae composuisset poeta, an cunctos. Ex Suet. de grammat. 6. 38. (ed. Roth) loco, ubi Suetonius ad omnia, quae Aurelius Opilius conscripsit, volumina respiciens vocabulo „aliquot“ usus est, colligi licet, etiam hoc loco vocabulo „aliquot“ cunctos carminis libros significari. Quae coniectura probatur etiam hoc, quod Ciceronem loco laud. commemoratum, si quidem eum librorum emendatorem fuisse concederemus, non aliquam partem sed totum carmen emendavisse consentaneum est. Adde, quod haeremus, utrum Ciceronem, cuius nominis hoc loco fit mentio, — Marcumne an Quintum fratrem, — intellegamus carminis Lucretiani emendatorem atque, quia emendatio editionem praecedere solebat,[2]) editorem.

Sed praeter incerte et ambigue dicta etiam incredibiles l. l. invenimus sententias. Hic enim tales res enarrantur, quae per se minus probabiles sint, quaeque argumentis aliunde coniectura repertis plane repugnent. Illis poetae insaniam et violentam assigno mortem, quibus exponendis infra aptiorem locum nanciscemur, his ea Hieronymi verba adnumero, quibus Ciceronem poetae carmen emendavisse traditur. Quae verba ambigua esse supra significavimus, cum Hieronymum definire omisisse monuimus, uter Cicero, Marcusne an Quintus frater Lucretii carmen emendavisset. Inde, quod. l. l. Ciceronis nomen sine praenomine positum est, (pariter atque aliis Chronicorum locis, ubi Ciceronis oratoris fit mentio), quodque Quintus frater nusquam in Chronicis commemoratur, recte colligi potest, Hieronymum, cum l. l.

---

[1]) Zoeckler o. l. p. 384.

[2]) Augusti Boeckhii: Encyclop. et Methodol. discip. philolog. edid. Bratuscheck 2. edit. (1886) p. 191. — Hieronymus in Chronicis vocab. emendare=edere usurpavit etiam alio loco, nempe s. a. ab Abrah. 2007, ubi tradidit haec: „Varius et Tucca, Vergilii et Horatii contubernales, poetae habentur inlustres. Qui Aeneidos postea libros emendarunt sub ea lege, ut nihil adderent.“ — Emendationem editioni praecessisse testantur verba Cic. epist. ad Att. II. 16. 4: „Quintus frater me rogat, ut annales suos emendem et edam.“

solo Ciceronis nomine uteretur, ad clarum oratorem respexisse. Verum
ne Hieronymo Marcum Ciceronem carminis Lucretiani emendatorem
esse commemoranti credamus, multis et gravibus cogimur argumentis
ac primum eo, quod Cicero, qui vel de minimis suis in rem publicam
et privatos meritis gloriari atque urbi et orbi praedicare solet, de carminis Lucretiani emendatione prorsus tacet ; quam si suscepisset,
verisimile est futurum fuisse, ut de ea alicubi commemoraret.

Deinde ipsa ratione philosopha, quam Cicero sectabatur, illud
credere vetamur.

Constat enim Ciceronem rationi Epicureae adeo infensum fuisse, ut eam non solum palam contemneret sed etiam, ubicumque sibi
liceret, acutissimis telis peteret. Cuius rei plures afferri possunt causae,
quarum gravissimae in rationis philosophae, cui ipse addictus erat,
diversitate et in fine, quam verae philosophiae studium persequi de-
bere sibi persuaserat, positae videntur esse. Omnium philosophiae
disciplinarum Ciceroni maxime placuit Academicorum ratio, qualis
post Arcesilam a Carneade et Philone constitnta erat. Finem autem
philosophiae Cicero non, ut Epicurei, in voluptate, h. e. in quieto
animi statu neque cupiditate neque dolore agitati, sed in virtute po-
suit. Quem finem ipse persecutus est in suis libris philosophis, in
quibus cum optima philosophiae praecepta exponeret, hoc potissimum
egit, ut suorum civium animos desiderio virtutum, quibus maiores
excellebant, quaeque sua aetate exstinctae paene ac deletae videbantur, impleret et ad imitanda maiorum bene et clare facta excitaret
(Cic. de divin, II. 2). A fine, quem philosophiae Cicero proposuit, Epicuri ratio prosus erat aliena. Nam sectatores eius summo bono in
animi tranquillitate posito non solum a rebus publicis et a maiorum
virtutibus avocabantur sed etiam variis flagitiis turpibusque voluptatibus se ingurgitabant. Exemplo potest esse Piso ille apud Ciceronem[1]
aliique Romanorum iuvenes imperiti, qui voluptatis notione ab Epicuro commendatae male intellecta, cum flagitiis et voluptatibus indulge-
rent, se nihil aliud quam summum bonum ab Epicuro praedicatum ex-
petere iactabant.[2]

Itaque Cicero cum perspiceret, quanta flagitia ac morum de-
pravatio Romanis ex Epicuri disciplina redundarent, maxime enitebatur,
ut eos a cognitione eius et studio deterreret. Quod propositum ita sol-
vit, ut ubicumque posset, Epicurum sectatoresque eius graviter re-

[1] Cic. in Pison. 29, 7. 1: „philosophia, ut fertur, virtutis continet et of-
ficii et bene vivendi disciplinam, quam qui profitetur, gravissimam mihi sustinere
personam videtur.“

[2] Orat. in Pison. 18. 42: „voluptarii Graeci (=Epicurei), quos utinam ita
audires, ut erant audiendi, numquam te in tot flagitia ingurgitasses.“

[3] Cic. in Pison. 28. 68: „Audivistis profecto dici philosophos Epicureos
omnes res, quae sunt homini expetendae, voluptate metiri; recte an secus, nihil ad
nos, aut si ad nos, nihil ad hoc tempus; sed tamen lubricum genus orationis adule-
centi non acriter intellegenti saepe praeceps.“ — Cic., Tuscul. disp. IV, 3. 6: „Sive
quod invitabantur illecebris blandis voluptatis (scil. ad Epic. rationem). —

2

prehenderet et doctrinam eorum vehementer exagitaret atque cavillaretur. Nec per breve quoddam tempus Cicero Epicuri placitorum censuram agit, sed per longam annorum seriem usque ad vitae suae exitum. Prima iniqui de Epicureorum praeceptis iudicii vestigia exstant in Cic. orationibus pro P. Sestio et in L. Calpurnium Pisonem, quarum altera mense Martio a. 56., altera a. 55. a. Chr. habita est.

Quamquam Cicero in oratione pro Sestio 10. 23, ubi P. Clodium, hominem turbulentum et sceleratissimum, Epicuri philosophiam summis laudibus celebrantem inducit, de Epicuri placitis modeste ac moderate iudicat, tamen iam aperte significat, qui philosophi sibi placeant, quidque de universa Epicuri doctrina censeat. Multo maiore impetu reprehendit Epicureos eorumque doctrinam in oratione in P. Pisonem. In scriptis, quae Cicero post annum 55. composuit, iniqua de Epicuri disciplina iudicia multo sunt frequentiora (conf. de Orat., Tuscul. disput. et imprimis de Finibus librum I. et II., quibus tota Epicureorum doctrina exponitur et recensetur).

Quae res evidenter docent, Ciceronem Epicureae disciplinae apertum adversarium fuisse. Talem non solum tempore, quo Lucretii carmen editum esse videtur (scil. a. 55. exeunte vel 54. ineunte) sed etiam posterioribus annis se praebuit usque ad vitae finem a. 43. a. Chr. Quam sententiam si probamus, fieri non potest, ut Ciceronem emendavisse et edidisse credamus carmen, quod Lucretius se hoc consilio, ut plurimos sectatores ad Epicuri disciplinam alliceret, conscripsisse profitetur. Unde apparet, Ciceronem, nisi vero illum ad disciplinam Epicuri propagandam conferre voluisse concedimus, carminis Lucretiani editorem esse non potuisse.

Quae si respicio, recte mihi iudicare videor, cum ex Ciceronis aversissimo ab Epicuri disciplina animo hoc quoque repeto, quod ille nusquam, nisi in epist. ad Quint. II. 9. 3., Lucretii meminerat neque eius versus attulit, ad quos laudandos cum in aliis, tum imprimis in suis libris philosophis, quibus passim Epicuri placita recensebat, aptam occasionem reperiebat. Hoc silentium, quod consultum, non fortuitum est, aperte significat, virum patriae amantissimum cavisse, ne versibus poetae afferendis, quos ex hominum memoria plane sublatos esse vellet, invitus ad eius nominis celebritatem conferret et ad doctrinam Epicuri propagandam[1]).

---

[1]) Sic equidem de hac re iudico: alii aliter Ciceronis silentium de Lucretio poeta explicare conantur. Ita Const. Martha, singularis ingenii et admirabilis doctrinae vir nec non de Lucretio illustrando optim* meritus, Ciceronis silentium repetit ex rationibus ad civium mores et rem publicam pertinentibus. Vid. eius opus, quod inscribitur: „Le poëme de Lucrèce, morale, religion, science." 3. ed. p. 23: „il semble que, certaines bienséances morales ou politiques se soient opposées à l'éloge bien franc d'un poète, qui célébrait une doctrine hardie et qui passait à bon droit pour un ennemi des dieux." Vid. etiam o. l. „appendicem" p. 350 et 351. —

Alii, ut Woltjerus, in libro, qui inscribitur, „Lucretii philosophia cum fontibus comparata," p. 8. not., Ciceronis silentium inde repetunt, quod illum Lu-

V.

Iam vero de Quinto Cicerone Marci fratre, quem nonnulli[1]) incertis Hieronymi verbis innixi carminis Lucretiani editorem esse coniecerunt, videamus.

Quam quaestionem ut expediamus, a Cic. ep. ad Quint. fr. l. L proficiscimur. Ex cuius epist. loco apparet Quintum, si quidem est carminis Lucretiani editor, carmen non ante mensem Februarium a. 54., quo ep. ad Quint. fr. II. 9. scripta est, edere potuisse. Supra enim monuimus, ex ep l. l. sequi, ut Marcus Lucretii poemata mense Februario a. 54. perlegisset, Quintus tum primum legere coepisset. Cum tamen Quinti vitae rationes et occupationes, quibus proximis post acceptam Marci epistulam laud. mensibus distentus erat, reputamus, illam opinionem, Quintum esse carminis Lucr. editorem, prorsus elevari nobis persuademus. Ex Marci enim epistulis II. 9–13 ad Quintum fratrem scriptis, quarum prima, ut supra monuimus, ineunte mense Februario, altera Idibus Febr, tertia a. d. XVI. Cal. Martias, quarta mense Maio, quinta et ultima mense Iunio a. 54 data est, comperimus, Quintum Ciceronem, priusquam legatus Caesaris in provinciam Galliam mense Maio a. 54. Roma profectus esset. sua praedia[2]) in Italia sita lustravisse. Si igitur Quintum carmen Lucretianum emendavisse atque edidisse suspicamur. consentaneum est, illum nisi in secessu cuiusdam praedii commorantem hoc facere non potuisse ante suum discessum in Galliam, ubi usque ad a. 52. a. Chr. permansit. Quae coniectura et per se probabilis esset et Cic. ep. ad Quint. l. l. comprobari videretur, si Quintus per tantum temporis spatium, quantum par erat, carminis Lucretiani studiis occupatus esset.

Ei autem vix tempus fuisse ad carmen veloci, ut dicitur, oculo percurrendum, ex epist. ad Quint. II. 11. 4. a. d XVI. Cal. Mart. data (quae aliquot diebus post epist. II. 9. scripta est) colligi potest. Ex illius enim epist. verbis sequitur, ut Quintus consilio historias scribendi capto tunc temporis totus historicorum graecorum operibus legendis et volutandis deditus fuerit[3].

---

cretii carmen non accurate cognitum habuisse suspicantur. Eorum autem coniectura refutatur et multis locis, — qui in Ciceronis libris inveniuntur, quique ex Lucretii carmine sunt mutuati, (nonnulla exempla attulit Martha o. l. p 351) — et ipsius M. Ciceronis de Lucretio iudicio (epist ad Quint II. 9. 3.), quod Lucretii versibus nisi accurate cognitis et ponderatis non prolatum videtur esse.

[1]) C. Lachmannus in Comment. ad Lucr I. 922. p. 63: „in re nota nihil opus fuit, ut Ciceronis praenomen poneret (scil. Hieronymus), cum nemo ignoraret, Quintum intellegendum esse eum ipsum, cuius frater de Lucretio iudicium probat. hominem in studiis poeticis versatum neque a philosophia alienum sed nulli certae disciplinae addictum." — Bernhardy Litt. Rom. 3. edit. p. 478. not. 398.— Woltjerus o. l. p. 8. not. 1.

[2]) Quintus Cicero possedit praedia: Arcanum, Bovillanum, Fufidianum, Laterium.

[3]) Cic. ep. ad Quint. fratr. II. 11. 4: „itaque ad Callisthenem et ad Philistum redeo, in quibus te video volutatum... sed utros eius (scil. Philisti) habueris libros — duo enim sunt corpora — an utrosque, nescio... sed quod adscribis (scil. Quintus), aggrediarisne ad historiam. me auctore potes."

Qui loci manifeste docent, Quintum Cic. carmen Lucretianum spatio temporis, quod Februario et Maio, quo mense in Galliam profectus est, terminatur, non edidisse. Atque verisimile videtur esse, illum, verbis epist. Quint. II. 9. 3. cognitis, quibus Marcus Lucretii carmina admodum difficilia esse significavit, a consilio carminis Lucr. edendi, etiamsi tale consilium cepit, deterritum fuisse. Ad illa argumenta accedunt etiam alia, quae ex Quinti ingenio ac natura repetuntur. Constat enim in Quinto elevatum et sublime quidem ingenium, idem tamen et alacre et mobile et minus patiens fuisse Qui, cum talis ingenii vir esset, magis poetarum studiis[1]) tenebatur quam philosophiae, a cuius subtilibus abstrusisque disquisitionibus abhorrebat. Quod ipsis Quinti studiis et scriptis comprobatur, quorum maximam partem carmina epica et tragica[2]) explent, quae se summa festinatione[3]) composuisse dicit. Ex M. Cic. epist. ad Attic. II, 16. 4. (scripta a. 59. a. Chr.) verbis[4]) hoc quoque comperimus, Quintum ne suis ipsius quidem carminibus emendandis et edendis operam navare voluisse, officiosumque Marcum fratrem, ut editoris munere fungi vellet[5]), rogavisse. Si igitur Quintus in suis carminibus edendis operosum molestumque emendatoris et editoris munus detrectabat, quanto magis eum ingenitae commoditati atque otio indulgentem ab aliorum carminibus edendis et quidem philosophis abhorruisse putemus!

Quae cuncta si respicimus, facere non possumus, quin sententiam eorum, qui Quintum Ciceronem carminis Lucretiani editorem agnoscunt, improbemus[6])

Iam vero, quoniam Hieronymi verba, „quos postea Cicero emendavit,“ fide indigna esse demonstravimus, transimus ad ceteras, quae patris ecclesiastici testimonio l. continentur, sententias perquirendas.

Incipimus ab iis. quibus poeta in furorem amatorio poculo versus aliquot libris per intervalla insaniae conscriptis se propria manu interfecisse traditur. Quae l. l. de poeta enarrantur, ea non sunt incredibilia; multis enim scriptorum locis comprobatum habemus, extremis rei publicae et imperatorum temporibus amatoria pocula apud Romanos in frequentem usum venisse[7]). Ex eorum locis hoc quoque comperimus, eadem pocula, quae amoris excitandi causa potionabantur, homines

---

[1]) Cic. de fin, 1. 3.: „tum Quintus:.. Sophocles .., quem scis, quam admirer, quamque eo delecter.“ —

[2]) Schol. Bob ad Cic. Arch. 2. p. 354. Or.: „fuit enim Q. Tullius non solum epici, verum etiam tragici carminis scriptor.“

[3]) Cic. ep ad Quint. fratr III. 5 (a 54 a. Chr.): „quattuor tragoedias XVI. diebus absolvisse cum scribas, tu quidquam ab alio mutuaris?“

[4]) Cic. ep. ad Attic. II. 16. 4: „Q. frater... me rogat, ut annales suos emendem et edam.“

[5]) Vid. Useneri dissertatiunculam in Mus. Rhen. t. XXII. p. 445, ubi nonnulla, quae supra protulimus, perstringuntur.

[6]) Simile iudicium, quod dicitur negativum, tulit etiam Car. Gneisse in dissert inaug, quae inscribitur: „De versibus in Lucretii carmine repetitis “ Argent. 1878., qui p. 46. Marcum aut Quintum Ciceronem carminis Lucretiani esse editorem denegat.

[7]) Horat. epod. V. 14. sq. — Ovid. a. a. II. 105. sq. — Propert. III. 5. — Iuven. sat. VI. 620. sq. — Appul. mag. p. 294.

et in furorem vertisse[1]) et morte affecisse, id quod L. Licinio Lu-
cullo[2]) et Caligulae,[3]) imperatori Romano, accidisse traditur. Philtro-
rum nocentium usus quam frequens apud Romanos fuerit, colligi potest ex senatus consulto, temporibus mortem Augusti subsecutis facto,
quo praescriptum erat, ut, qui nocentia medicamenta amatoria misce-
rent, pari loco cum veneficis haberentur gravibusque poenis velut
supplicio, relegatione in insulam, dimidiae partis bonorum ademptione,
condemnatione ad metalla multarentur.[4])

Non igitur mirum neque insolens esset, si Lucretius quoque ita,
ut Hieronymus tradit, decessisset, praesertim cum compertum habeamus,
alios quoque recentioris aetatis poetas, velut Tassonem, Hoelderlinum[5]),
Lenauum, F. Raimundum, alios simili atque Lucretium morte
finivisse.

Verum ne Hieronymo talia commemoranti de Lucretio credamus,
variis causis adducimur, quae partim ex nonnullis de Lucretio testimoniis, partim ex scriptorum silentio de poetae insania et tristi vitae
exitu repetuntur.

Ac primum si veterum scriptorum de Lucretio et carmine eius
iudicia respicimus, eis poetam summis laudibus celebrari reperimus.
Quod epithetis probatur ad Lucretium spectantibus, velut doctus, arduus,[6]) sublimis,[7]) magnus[8]), elegans,[9]) multis luminibus ingenii,[10]) ingenio et facundia praecellens;[11]) quae cuncta iudicia luculenter demon-
strant, quanto honore et veneratione Lucretii carmen apud posteriores
scriptores habitum sit. Summus poetae cultus et celebratio incidit
potissimum in tempora imperatorum Romanorum, quibus teste Tacito[12]) a nonnullis ipsi Vergilio anteponebatur.

---

[1]) Ovid. a a. II. 105. sq: „Nec data profuerint pallentia philtra puellis
Philtra nocent animis vimque furoris habent.‟
[2]) Plut. vita Luculli c 43. — Plin. h. n. XXV. § 25. — Aurel. Victor. de
viris illustr. 74. — Jessenus, in dissert., quae inscribitur: „Zu Lucrez Leben und
Dichtung‟ (Festgrusz zur Kieler Philol. Vers. 1869.) p. 53. demonstrare studuit,
Hieronymi in Chron. l. l. a. ab Abrah 1923 de furore mentionem non ad Lucretium
sed ad Lucullum spectare, qui teste Plut. Luc. 43. poculo amatorio absumptus
est a. a. Chr. 56. Cuius viri coniecturam redarguit H. Sauppius in Quaest. Lucret.
ind. lect. Gott. 1880. p 7.
[3]). Suet vit. Calig. c. 50: „Creditur (scil. Caligula) potionatus a Caesonia
uxore amatorio quidem medicamento, sed quod in furorem verteret‟ — Cf. Iuven sat. VI. 620. et schol. ad h loc.
[4]) Vid. Rein: Römisches Criminalrecht p. 427. sq.
[5]) Sunt, qui fabulam esse dicunt, Hoelderlinum morte Diotimae, quam de-
perdite adamavit, audita in insaniam incidisse, vid. Leipziger Illustr. Zeit. 1891.
Nr. 2.530 (26. Decemb.) p. 710. s. t.: „Hoelderlin und Diotima.‟
[6]) Stat. Silv. II. 7.76: „docti furor arduus Lucreti.‟ —
[7]) Ovid amor I. 15. v. 23. 24: „Carmina sublimis tunc sunt peritura Lucreti, Exitio terras cum dabit una dies.‟
[8]) Serenus Sammonicus de medic. p 613: „magni Lucretii.‟
[9]) Quint. Inst. orat. X. 1.87: „Macer et Lucretius... elegantes in sua quis-
que materia, sed alter humilis, alter difficilis.‟
[10]) Cic. epist. ad Quint. fratr II. 9. 3.
[11]) Gellius N. A. I. 21. (iam supra attulimus. —
[12]) Dialog de orat. 23: „genus hominum signasse contentus, qui..... Lucretium pro Vergilio legunt.‟

Ut illis iudiciis atque laudibus fides elevatur Hieronymi, qui Lucretium aliquot libros inter insaniae intervalla conscripsisse commemoravit sic locis Corn. Nep. Vit. Att. 12. 4, Verg. Georg II. 490 sq, Aelii Donati (l. l.) Hieronymi narratio de insolenti poetae morte in dubium vocatur. Non enim casu factum esse contendo, quod scriptores primus et ultimus de poetae morte commemorantes solis vocabulis „post mortem" (Nep), „decessit" (Don.) utuntur, quodque Vergilius l. l. poetam, cuius summo studio atque amore captus erat, etiam »felicem" appellat. Qui scriptores, cum ita, ut supra significavimus, mortis poetae meminerint, probare videntur sibi ea, quae Hieronymus de Lucretio prodidit, fuisse ignota. Non est enim verisimile futurum fuisse, ut illi scriptores, cum de clarissimo viro commemorantes eius infelicem vitae exitum cogitatione attingerent, ne inviti quidem aliquam miserationis vocem emitterent.

Neque praetermittendum est Lactantii[1]) de furore et violenta poetae morte silentium, eoque minus, quod tacendo confiteri videtur falsa esse, quae Hieronymus tradidit. Lactantius enim ultimus scriptor Romanus[2]) fuit, qui emorientem Romanorum gentilitatem acriter impugnabat. Idem cum aliorum veterum philosophorum tum imprimis Epicuri placita, quorum summam ex carmine Lucretiano cognitam habuit[3]), acutissimis telis insectabatur. Graves in Epicurum et Lucretium invectivae reperiuntur imprimis in Lactantii libris de opificio dei, de divina institutione, de ira, velut de opif. 6. 1: „illius (scil. Epicuri) sunt omnia, quae delirat Lucretius", de ira 10. 17., ubi versibus Lucretii I. 159 sq. et 205 — 207 allatis sic invehitur: „quis eum (scil. Lucret.) putet habuisse cerebrum." Quibus locis innixus aliquis facile ad coniecturam adduci potest, Lucretium re vera insanum et mente captum fuisse, id quod ab Hieronymo memoriae proditum est.

Verum, quominus ei coniecturae credamus, aliis Lactantii locis impedimur, ex quibus apparet, de Lucretii insania et violenta morte narrationem illi scriptori prorsus ignotam fuisse.

Quod, ut alia argumenta omittamus,[4]) imprimis Lact. div. instit. III. 18. § 5, 6. testatur locus, ubi § 5. Lactantius de iis philosophis

---

[1]) De mutua, quae inter Lucretium et Lactantium intercedit, ratione ingeniose disputavit S. Brandt, in dissert., quae inscribitur: „Lactantius und Lucretius,"in Fleckeis. phil. Annal. t. 143. (1891) p. 225—259, cuius argumenta p. 245.— 251 allata probantes in consequenti nostrae dissertationis parte respicimus.

[2]) Vid. Herm. Useneri „Epicurea" Lips. 1887. p. LXXV: „Neque hercule, quo eruditionem venditaret, sed quod valere errorem christianae veritati infestum videbat Lactantius, tam saepe tamque acriter in Epicureas opiniones invehitur, qui librum „de ira Dei" tantum non in Epicureos intendit."

[3]) Qua de re vid. Useneri l. l. n. 2: „auctore utitur praeter Lucretium maxime Cicerone (scil. Lactantius)." — Klussmann in Philolog. t. XXVI. p. 362 sq. — Jessen in dissert: „Lucrez. und sein Verhältnis zu Catull und Späteren", Kilon. 1872. p. 17 —

[4]) Quae inde petuntur, quod Lactantius etiam alios philosophos, velut Pythagoram instit. VII. 12. 31., Socratem inst. III 20 15., Platonem inst. III. 19 18, Democritum. Epicurum. Zenonem. Leucippum, alios delirare atque insanire saepius dicit, quos validissima mente fuisse constat. Vid. Brandt, o. l. p. 247.

loquitur, „qui aeternas animas esse suspicabantur (et) tamquam in caelum migraturi essent, sibi ipsi manus intulerunt, ut Cleanthes, ut Chrysippus, ut Zenon, ut Empedocles — qui se in ardentis Aetnae specus intempesta nocte deiecit, ut, cum repente non apparuisset, abisse ad deos crederetur — et ex Romanis Cato, qui fuit in omni sua vita Stoicae vanitatis imitator." In numero illorum philosophorum Lucretius afferri non potuit propterea, quia animos immortales esse negavit. Debebat autem necessario commemorari in sequenti § 6., ubi philosophi contrariam opinionem secuti recensentur, qui tamen sibi mortem pariter atque illi consciverunt. „Nam Democritus in alia fuit persuasione „„sed tamen sponte sua leto caput optulit ipse"" (Lucr. III. 1041), quo nihil sceleratius fieri potest."

Inde, quod l. l. Lucretius non est allatus, evidentissime apparet, Lactantium de violenta poetae morte nullam notitiam habuisse. Vix enim credi potest, Lactantium, si quidem violentae Lucretii mortis gnarus fuisset, se continere potuisse, ne illum laudaret, de quo eum cogitavisse ex versu Lucr. III. 1041 allato (div. inst. III, 18. 6) cognoscitur.

Accedit, quod Lactantius Epicuri doctrinam carmine Lucretiano illustratam in scriptis suis saepius impugnabat, eamque licitis illicitisque argumentis refellebat. Quod hoc consilio fecisse videtur, ut ab illa doctrina, quam verae religioni christianae omnium maxime infestam et noxiam perspexit, hominum mentes abalienaret.

Eum vero quam mortifei\m plagam rationi Epicureae inferre potuisse putemus, si in refutan is Epicuri placitis, quorum Lucretius ingeniosissimus erat propagator, argumentis ab insania poetae repetitis usus esset ad homines a doctrinae Epicureae studio deterrendos.

Lactantius enim, quem argutum dialecticum versutumque litigatorem fuisse ex ipsius scriptis cognoscimus, vix talia argumenta omisisset, si illam de Lucretii insania et violenta morte narrationem fando aut legendo percepisset. Inde vero, quod scriptor ille de iis rebus nihil commemorat, sequitur, ut ille eas plane ignoraverit. Quas si ignoravit Lactantius, ab illis certe alienum fuisse par est etiam Arnobium, Lactantii praeceptorem[1]), qui post Chr. saeculo tertio et quarto ineunte in Africae oppido Sicca artem rhetoricam docuit et perinde atque Lactantius multum in Lucretiano carmine erat versatus.[2])

Sed illorum virorum de Lucretii furore et violenta morte silentium fortasse in aliquo diversas suspiciones movebit, velut narrationem laud. Hieronymi profectam esse a scriptore quodam christiano, qui post Arnobium et Lactantium, sed ante Hieronymum vixit, vel illam narrationem ab ipso Hieronymo commentam esse, vel denique

---

[1]) Testatur hoc Hieronymus „de viris illustr." 80. --
[2]) Vid. supra laud. loc. dissert. E. Klussmanni et Jesseni.

illam esse interpolatam a scriptore incerto post Hieronymum vigente.

Tales suspiciones solido fundamento carere mihi videntur. Prima enim et altera refutatur eis, quae supra exposuimus, argumentis allatis demonstrantes, omnia, quae Hieronymus in Chronicis de scriptoribus Romanis memoriae tradidit a Suetonio esse deprompta.[1]) Tertia autem suspicio duabus causis improbabilis efficitur. Prima in eo versatur, quod Hieronymi Chronicorum contextum a serioris aetatis interpolationibus vacare constat[2]) Altera autem posita est in ipsa Hieron. narrationis l. forma et argumento, quibus verae genuinaeque ingenii Hieronymiani notae sunt impressae. Hoc multae Chronicorum sententiae probant, quarum forma et argumentum magnam produnt similitudinem cum Hieronymi testimonio ad Lucretium pertinente, velut id, quod Hieron. Chron. a. ab Abrah. 1960 commemoravit: „M Callidius orator clarus habetur, qui bello postea civili Caesarianas partes secutus, cum togatam Galliam regeret, Placentiae obiit."— Hier. Chron. a. ab Abrah. 1992: „Cornelius Gallus Foroiulensis poeta, a quo primum Aegyptum rectam supra diximus, XLIII aetatis suae anno propria se manu interfecit." — Anno ab Abrah. 2065: „Domitius Afer Nemausensis clarus orator habetur, qui postea Nerone regnante ex cibi redundantia in cena moritur," et al.

Quoniam tales, quales supra protulimus, suspiciones debiles esse cognovimus, nihil obstat, quominus inde, quod Arnobius et Lactantius nihil de Lucretii insania et violenta morte commemorant, certam rationem concludamus, Suetonii de viris illustribus opus illis scriptoribus ignotum fuisse.[3]) Hoc quidem minus verisimile videtur esse, eaque de causa, quod Arnobius et Lactantius, utpote muneribus rhetorum fungentes et homines litterati, quos amplissimam rerum ac litterarum Romanarum scientiam habuisse par est, illam de

---

[1]) Quae cum respicies, tibi facile persuadebis, solido fundamento carere Teuffeli coniecturam, qui de furore et violenta Lucretii morte narrationem ab incerto scriptore christiano commentam esse suspicatur. Vid. eius Encyclop. real. t. III. s. v. Lucretius Nr. 20: „Mythisch lauten die Angaben über seine (Lucret.) Raserei u Selbstmord; der orthodoxe Glaube konnte bei dem Epicuraeer u. Atheisten keinen anderen Ausgang sich als möglich denken, u. das postulirte ward bald Erzählung u. Geschichte" — et eiusdem Litterat. Rom. § 203. not. I. (edit. 1—4).

[2]) In ea re doct. vv. iudicia consentiunt. In paucissimis locis, velut in illo a. ab Abrah. 2126 de Plinio Minore: „periit, dum visit Vesuvium," haerent viri docti, utrum illa verba interpolata, an errore ipsius Hieronymi orta esse existiment. Vid. Roth, Suet. p. LXXVIII. —

[3]) In eorum libris operis Suetoniani nusquam fit mentio. In Lact. div. inst. I. 10.1 invenimus allata verba: „Tarquitius de illustribus viris disserens." Atque exstiterunt, qui pro vocab. „Tarquitius," vocab „Tranquillus" commendarent, sed inepte. Nam Tarquitius, illo loco commemoratus, diversus est a Suetonio Tranquillo; hic auctore E. Bormanno (Archaeol — epigraph Mittheilungen aus Oester. 1887.) vixit a. 90—10 ante Chr., et praeter alios libros scripsit quoque de Etrusca disciplina. Vid. Teuff. Rom. Lit. 5. § 158. 2. —

Lucretii furore et violenta morte narrationem, etiamsi eis Suetonii opus ignotum fuit. ex aliorum quoque auctorum libris, qui fontes Suetonii erant, facile cognoscere potuerunt, Neque praetermittendum est, quod uterque in provincia Africa vixit, in qua altero et tertio post Chr saeculo litterae Romanae ad laetissimam segetem effloruerunt.

Illa conclusio[1]) quamquam eis, quas protulimus, rebus debilitari videtur, eo tamen probabilis efficitur, quod Suet. libri laud. primum a scriptoribus IV. saec, velut Donato, Diomede, Hieronymo, laudantur. Inde autem, quod Arnobius et Lactantius, homines maxime in litteris versati, propter Suetonii de viris illustribus librorum ignorationem nullam de Lucretii insania et violenta morte notitiam habuerunt, sequitur, ut ea, quae Hieronymus Suetonium secutus de Lucretio prodidit, aetate Suetoniana parum fuerint nota, et vix ad plures, quam ad unum auctorem incertum, cuius libros Suetonius in opere de viris illustr respexit, sint referenda

Neque enim est verisimile, futurum fuisse, ut narrationem laud., si plurium hominum oribus et mentibus ea esset versata, alteruter scriptor ecclesiasticus vel alii auctores, velut Cornelius Nepos, Vergilius, Donatus, qui locis supra laud. aptam alludendi reperiebant occasionem, ne verbo quidem perstringerent. Si cuiusque rei fidem atque auctoritatem eo minorem esse probamus, quo paucioribus nitatur fontibus aut testimoniis, nobis etiam probandum est, illius quoque narrationis fidem exiguam esse. Atque probabile est, narrationem laud. aut in ipso fonte, quo Suetonius usus est, vagi rumoris instar commemoratam fuisse, aut primum a Suetonio ad incerti rumoris formam redactam esse vocabulo „creditur" vel „traditur' vel „putant" praefixo, quibus Suetonius incertos rumores afferens uti solet.

VI.

Atque omnes illas rationes si accurate mente perpendo, haud improbabilem, ut mihi videtur, coniecturam facere cogor, temporibus mortem Lucretii consecutis de eius vitae rationibus praeter diem natalem et supremum nihil amplius exploratum fuisse aut nisi vagos, quos Hieronymi narratio referre videtur, rumores non exstitisse. Quos ex innato animis humanis studio res ignotas coniecturis investigandi ortos esse suspicor.

Cum autem, quae ansa talium rumorum fuerit, percontor, eam tam carminis argumentum et statum[2]), quem post mortem poetae exhibuit, quam ipsa, quibus Lucretius vixit, tempora praebuisse contendo. Ita poetae furorem ex ipsius versu III. 826. sq.: „adde furorem animi proprium atque oblivia rerum", „adde quod nigras lethargi mergitur undas" coniectum esse suspicor ab incerto quodam grammatico ante Suetonium vigente, qui versum l. vocabulo „proprium"(Lucr.,III. 826) male

---

[1]) i. e. Suetonii de viris illustribus opus Arnobio et Lactantio ignotum fuisse.
[2]) Vid. Brandt (l l.) p. 251. —

inte lecto ad Lucretii furorem respicere existimaret. Ansam autem opinionis, Lucretium carmen inter intervalla insaniae scripsisse sibi- que manus intulisse, praeter illum versum imperfecti car- minis status, quo quemque offendi necesse erat, praebuisse videtur. Illud, quod poeta amatorio poculo in furorem versus esse credebatur, repetendum esse censeo vel ex argumento[1]) carminis, in cuius libro IV. 1058. sq. veri amoris studium vehementer impugnatur et irride- tur, vel ex more illius temporis, quo pocula amatoria in usu erant et causa furoris esse ferebantur. Opinionem denique, Ciceronem carmi- nis Lucretiani esse emendatorem et editorem, inde ortam esse suspi- cor, quod M. Cicero, qui Lucretii temporibus et celeberrimus vir esset et artem poeticam factitaret et philosophiae studium coleret. videbatur aptissimus, cui recensio carminis, ab ignoto quodam homine editi, vindicaretur[2]).

Ex omnibus, quae supra protulimus, argumentis apparet, Hiero- nymi de poetae furore et violenta morte narrationem, quamquam Sue- tonio auctore nititur, fide indignam esse. Iam vero restat, ut nos crimine inconstantiae defendamus, in quam incidimus, cum supra dixi- mus, Suetonium in vitis illustrium virorum adumbrandis optimos et incorruptos fontes secutum omnino raro nec nisi inscium falsa tradi- disse.[3]) Quod crimen ut evitemus, monemus, Suetonium in libris de viris illustribus praeter res certas probatasque incertos quoque rumo- res, quos nisi fando non audivit, afferre solere. Quod cum facit, voca- bulis c r e d i t u r, t r a d i t u r, s u n t, q u i p u t e n t, a l i i o p i n a n t u r utitur. Tales v. gr. rumores invenies allatos in libris de grammat. et rhetor. Reiff. Sueton. p. 105 16. 23—111. 2—112. 12 –113. 5—117. 1—124. 1. 15. – in vita Caes. 86. – August. 94. (mera miracula) — Calig. 50. 57. et multis aliis locis. Neque dubium est, quin Suetonius eundem in modum de Lucretii furore, de Cicerone editore, de violenta Lucretii morte rettulerit.

Reliquum est, ut causas exploremus, cur illas res, quas Sueto- nius pro incerto rumore habuisse videtur, Hieronymus l. l. non solum expresserit, sed etiam ita ac si illae certae probataeque essent, expresse- rit. Illas vero haud temere nec sine aliquo consilio commemoratas esse, ex ipsa testimonii Hier. ubertate apparet, cuius exempla admo- dum raro in Chronicis Hieronymi reperiuntur, qui etiam tum, cum celeberrimorum scriptorum res enarrat, spissus et brevis esse solet. Equidem haud dubitaverim, causam, qua Hieronymus adductus illas res Chronicis inseruerit, repetere ex habitu eius animi, qui summa cupiditate miras et insolentes res affectabat. Hoc multis Chronicorum

---

[1]) Schanz, Litt. Rom. p. 136: „dagegen kann die Geschichte vom Liebes- trank nur eine Dichtung sein, vielleicht dadurch hervorgerufen, dass der Dichter so sehr gegen die Liebe geeifert hatte."

[2]) Editorem autem necessario requirebat semel capta coniectura, poetam inter insaniae intervalla carmen scripsisse, sibique, priusquam illud elimavisset, manus intulisse.

[3]) Vid. nostrae dissert. p. 34.

locis comprobatum videmus. Vid. Roth, Suet. p. 289. v. 25. v. 30; p. 290. v. 2 sq., v. 26, v. 29 sq., v. 34. — p. 291. (de Plauto, Ennio, Terentio); p. 295 (de Accio tragoediarum scriptore, Cornificio, P. Terentio Varrone); p. 296. (de Corn. Gallo); p. 299. (de Lucano); p 301. (de L. Annaeo Seneca). In miris rebus diligenter notandis Hieronymus videtur imitari Suetonium, qui prodigia, miracula, fabellas, vagos rumores suis scriptis inserere solebat

Cum autem causam percontor, cur Hieronymus res laud., quae apud Suetonium incerti rumoris speciem exhibuisse videntur, sine ulla dubitatione pro veris certisque posuerit, eam in ipsius Hieronymi neglegentia et festinatione, qua, quominus res accuratius exploraret et veras a falsis aut suspectis diiudicaret, impediebatur, positam esse suspicor. Potest tamen esse, ut causa altius lateat. Constat enim Hieronymum Chronica circiter an. 380. p. Chr. scripsisse, cum Gregorii Nazianzeni, episcopi Constantinopolitani, hospitio uteretur.[1]) Hoc igitur opus conditum est sex annis post extasin vel somnium, quod vulgo Anticiceronianum[2]) vocatur, quodque Hieronymus gravi morbo affectus anno p. Chr nat 373. vel 374. ineunte habuit, cum hospes Euagrii Antiochiae commoraretur. In eo autem mirabili somnio sibi et rerum supernaturalium visionem contigisse et a Deo se iussum esse profitetur, ut lectione profanorum scriptorum abstineret. Hoc somnium, quod ipse enarravit,[3]) magnam vim atque auctoritatem habuit ad eius vitae rationes et studia, quibus tenebatur, immutanda. Scriptoribus enim gentilibus, quos usque ad hoc tempus et in secessu domus et in itinere continenter versabat, reiectis totus se dedidit sacris scripturis legendis et libris auctorum ecclesiasticorum.[4]) Quibus studiis adeo profecit, ut circiter a. p. Chr. 392. opus conscripserit[5],) quo vitas et merita virorum in scripturis sacris excellentium illustra stravit. Atque fieri potuit, ut Hieronymus illlo tempore, quo ecclesiasticorum scriptorum studiis occupatus gentilium auctorum libros fastidiebat, propensior esset ad credendum iniquis rumoribus, qui imprimis de iis scriptoribus, quos infestos verae religioni esse sibi persuasit, ferebantur. Ut illum tum temporis talem fuisse credamus, eo quoque impellimur, quod iniquis scriptorum ecclesiasticorum et imprimis Lactantii iudiciis ductus etiam ipse et de Lucretio et de ceteris gentilibus philosophis male opinari videbatur.

---

[1]) O. Zoeckler o. l. p. 84 et 3-3. —
[2]) De quo tractaverunt Heumann: „De extasi Hieronymi Anticiceroniana" (Sylloge dissert. I. p. 655 sq.). — Schröckh: Histor. eccles. VII. 37 sq. et XI. 15 sq. — Ozanam: Histoire de la civilisation au V. siècle v. l. p. 301 sq. — Zoeckler (o. I) p. 43 sq.
[3]) Epist. XXII ad Eustochium cap. 30. —
[4]) Praef. lib. III. comment. in Galat., quam scripsit a. 389. p. Chr., p. 486. t. VII. edit. Vallars: „Sed omnem sermonis elegantiam et latini eloquii venustatem stridor hebraicae lectionis sordidavit. Nostis enim et ipsae, quod plus quam 15 anni sunt, ex quo in manus meas numquam Tullius, numquam gentilium litterarum quilibet auctor ascendit; et si quid forte inde, dum loquimur, obrepit quasi antiqui per nebulam somnii recordamur." — Cf. Zoeckler. (o. l.) p. 43.—
[5]) Zoeckler (o. l.) p. 190. et 385. —

Iam vero omnibus quaestionibus, quas nobis proposuimus, expe-
ditis de summa testimonii Hieronymiani statuere possumus. Atque
primum res in illo enarratas omnes a Suetonio petitas esse, haud
improbabilibus, ut videtur, argumentis supra demonstravimus. Deinde
hoc quoque exposuimus, non omnes illius testimonii res, quamquam
Suetonii auctoritate nituntur omnes, pari loco habendas esse. Cum
enim aliae, ut Lucretii vitae annorum numerus, verae et certae sint,
aliis nihil aliud quam incerti et fide indigni de Lucretio rumores,
quos alii scriptores ignoravisse, Suetonius non credidisse videntur,
enarrantur. Quod ex argumentis extrema dissertationis parte prolatis
apparet, ubi praeter alias. res etiam de causa atque origine illorum
de Lucretio rumorum et de Hieronymi errore disputavimus.